8°F pièce
4782

RÉPUBLIQUE FRANÇAISE

N° 336

—

MINISTÈRE DE L'AGRICULTURE

DIRECTION DE L'ENSEIGNEMENT ET DES SERVICES AGRICOLES

—

OFFICE DE RENSEIGNEMENTS AGRICOLES

PROJET DE LOI

SUR

L'ORGANISATION DE L'ENSEIGNEMENT PROFESSIONNEL

DE L'AGRICULTURE

EXTRAIT DU *BULLETIN MENSUEL DE L'OFFICE DE RENSEIGNEMENTS AGRICOLES*
(DÉCEMBRE 1912).

PARIS

IMPRIMERIE NATIONALE

—

1912

RÉPUBLIQUE FRANÇAISE

MINISTÈRE DE L'AGRICULTURE

DIRECTION DE L'ENSEIGNEMENT ET DES SERVICES AGRICOLES

OFFICE DE RENSEIGNEMENTS AGRICOLES

PROJET DE LOI

SUR

L'ORGANISATION DE L'ENSEIGNEMENT PROFESSIONNEL

DE L'AGRICULTURE

EXTRAIT DU *BULLETIN MENSUEL DE L'OFFICE DE RENSEIGNEMENTS AGRICOLES*
(DÉCEMBRE 1912)

PARIS

IMPRIMERIE NATIONALE

1912

PROJET DE LOI

SUR

L'ORGANISATION DE L'ENSEIGNEMENT PROFESSIONNEL DE L'AGRICULTURE.

EXPOSÉ DES MOTIFS.

MESSIEURS,

Depuis le commencement de ce siècle, toutes les nations font des efforts considérables pour développer et perfectionner leur enseignement professionnel agricole.

La France n'est pas restée étrangère à ce mouvement, et, soit qu'on examine l'enseignement supérieur, soit qu'on s'arrête à l'enseignement populaire, ou qu'on arrive à l'enseignement primaire appliqué aux jeunes gens et aux jeunes filles, partout on trouve la trace des préoccupations qui ont assailli nos prédécesseurs et qui ont provoqué des mesures tendant à mettre nos institutions agricoles en harmonie avec les besoins nouveaux.

Nous devons cependant reconnaître, si nous passons en revue les organisations réalisées à l'étranger, que, soit sur un point, soit sur un autre, nous sommes dépassés par les nations qui nous entourent.

En présence de la dépopulation croissante de nos campagnes, dans un pays qui, comme le nôtre, doit à son agriculture les sources les plus nettes de sa richesse, il n'est pas possible d'attendre plus longtemps pour organiser et compléter notre enseignement agricole.

Nous tenons à le redire : il a beaucoup été fait; mais l'évolution de nos sociétés modernes qui modifie les conditions économiques de la production, la nécessité, dans une démocratie comme la nôtre, d'assurer l'enseignement professionnel à toutes les classes de la population et dans les conditions les mieux appropriées aux milieux divers, exigent une refonte de nos organismes d'enseignement, une coordination qui n'avait pu jusqu'ici être réalisée pendant la période de gestation imposée fatalement à une œuvre de l'importance de celle que nous envisageons.

Le Parlement a, d'ailleurs, cette année, à l'occasion du vote du budget de l'agriculture, nettement manifesté son désir d'entrer dans cette voie.

Il a notamment exprimé son sentiment sur la nécessité de créer l'enseignement postscolaire, d'organiser les écoles d'hiver, de développer l'enseignement ménager pour lequel il a voté des crédits spéciaux, de relever nos écoles pratiques d'agriculture.

Or, ce résultat ne peut être atteint que si nous formons, pour chacun de ces organismes d'enseignement, des maîtres et maîtresses bien préparés à leur tâche. Il devenait donc indispensable d'assurer cette formation des professeurs par une section spéciale dans nos écoles nationales d'agriculture qui doivent, d'autre part, donner un enseignement approprié à des agriculteurs au courant de tous les progrès modernes.

Mais ce dernier objectif implique de plus en plus, pour nos écoles, l'existence de moyens d'application qui leur font défaut aujourd'hui. Ce sont ces créations que nous vous demandons. Groupées autour de nos grandes écoles, utilisant leurs laboratoires et leurs installations, elles serviront à la fois aux fils d'agriculteurs qui y trouveront cette instruction pratique, indispensable à ceux qui font de l'agriculture industrielle, et aux ingénieurs agronomes qui veulent devenir professeurs; enfin elles exigeront ainsi une dépense relativement réduite, aussi bien pour l'installation que pour le fonctionnement ultérieur.

Certainement, la réalisation de ce plan ne sera que successive, mais son adoption immédiate n'en est que plus indispensable. Chaque amélioration qu'il sera possible d'obtenir doit, en effet, trouver de suite sa place prévue au milieu d'un ensemble, comme les pierres numérotées d'un édifice bien conçu viennent s'insérer au point exact qui leur est assigné.

Nous éviterons ainsi des dépenses inutiles, des à-coups funestes à la marche progressive de notre enseignement, des créations isolées qui ont le gros inconvénient de ne pas se rattacher à un ensemble harmonieux et qui entravent ensuite la réalisation de tout progrès.

Le problème de l'enseignement agricole dans notre pays est le suivant : *Nous avons un million de jeunes ruraux appartenant aux diverses classes de la société; 2,500 environ sont répartis dans nos divers établissements. Comment assurer à tous le bénéfice de l'enseignement agricole? Nous avons également environ un million de jeunes filles vivant à la campagne; comment leur donner une bonne instruction agricole et ménagère?*

ENSEIGNEMENT AUX JEUNES GENS.

Enseignement supérieur.

I. *Institut national agronomique.* — II. *Écoles nationales d'agriculture.*

Pour les jeunes gens les mieux doués qui veulent se consacrer aux recherches scientifiques aux grandes industries agricoles, au professorat, à la grande et moyenne culture, nous avons l'Institut national agronomique et trois écoles nationales d'agriculture (Grignon, Montpellier et Rennes), où ils peuvent recevoir un enseignement complet.

Mais, dit M. Fernand David, dans son rapport sur le budget de l'Agriculture, «ces écoles souffrent d'une sorte de malaise... On peut se demander dans ces conditions s'il ne conviendrait pas de remanier toutes ces écoles qui, à l'origine, avaient des objets différents qui, par quelque côté, laissent les unes et les autres à désirer, qui se jalousent, et de les amener à se prêter un mutuel appui».

Nous devons reconnaître, en effet, que l'Institut agronomique n'a pas, jusqu'ici, joué le rôle d'école polytechnique de l'agriculture que ses fondateurs lui avaient assigné : il lui a manqué la plupart des *écoles d'application* qui lui sont nécessaires.

Il lui fallait, en plus de l'*école forestière* et de l'*école des haras*, des écoles de *sucrerie*, de *distillerie*, de *laiterie*, d'*aviculture*, etc., et enfin une *école modèle*, pour la formation des maîtres.

Nos écoles nationales souffrent également de l'absence des industries annexées à la ferme.

Les élèves ont besoin de trouver, à côté de l'enseignement agricole, en plus d'une ferme ordinaire, les divers organismes industriels qui répondent aux conditions culturales particulières aux régions dans lesquelles ils exerceront. Notre agriculture s'industrialise de plus en plus; le machinisme y prend et y prendra chaque jour davantage une importance accrue; nos élèves des grandes écoles doivent vivre cette vie agricole et industrielle.

Compléter notre Institut national agronomique comme organe d'un enseignement véritablement supérieur, permettre aux jeunes ingénieurs agronomes qui en sortent de trouver des milieux où ils achèveront leur instruction technique en spécialisant leurs études, utiliser à cet effet nos diverses écoles nationales d'agriculture tout en laissant à chacune d'elles son rôle bien défini et sa caractéristique spéciale, établir les procédés à l'aide desquels ces organismes se prêteront le concours nécessaire et se pénétreront réciproquement, tel a été le but poursuivi par la Commission de l'enseignement supérieur dont les membres éminents ont préparé la première partie du projet de loi (Institut national agronomique, écoles nationales d'agriculture) que nous vous présentons. Ce projet trace les grandes lignes de la réforme de tout notre enseignement supérieur; il crée une liaison avantageuse entre l'Institut national agronomique et les écoles nationales; il parachèvera l'œuvre commencée qui tend à faire de l'Institut agronomique une école polytechnique de l'agriculture. Avec les nouvelles dispositions, les élèves feront, comme actuellement, deux années d'études à l'Institut pendant lesquelles ils étudieront les sciences physiques, chimiques et naturelles appliquées à l'agriculture. Puis, à la fin de ces deux années, ils se spécialiseront de la manière suivante :

1° Pour les eaux et forêts ainsi que pour les améliorations agricoles, ils iront à l'École forestière ;

2° Pour les sciences hippiques, à l'École des haras ;

3° Pour l'agriculture, les industries agricoles, le professorat (formation pédagogique), ils iront aux écoles nationales d'agriculture dans la section normale supérieure dont la nécessité est évidente.

La section normale supérieure de l'école nationale de Grignon, par exemple, comprendra :

a. Une série d'écoles autonomes d'industries agricoles : écoles de sucrerie, de brasserie, de distillerie, de laiterie et fromagerie, etc., dans l'autonomie actuelle de l'école.

Il y a déjà à Grignon presque toute l'école de laiterie et fromagerie, l'école d'aviculture, l'école d'apiculture; il n'y a qu'à compléter les installations actuelles.

b. Une ferme modèle.

c. Une école pratique d'agriculture modèle pour la formation des professeurs.

Toutes les écoles d'industries agricoles seront de véritables organismes d'industries expérimentales susceptibles de fournir aux intéressés les éléments d'information sur les causes des accidents de fabrication si fréquents encore dans nos diverses usines. Le grave défaut que présentent la plupart de nos écoles professionnelles en France est de considérer l'application, la pratique, comme une illustration du cours, ce dernier étant presque tout; et alors, nos écoles d'industries agricoles ne sont pas de vivantes réalités; les fils de nos praticiens ne les fréquentent pas, parce qu'elles ne peuvent pas former elles-mêmes des praticiens éclairés.

Nous voulons, à l'exemple des pays du Nord de l'Europe où les écoles professionnelles vraiment pratiques ont tant de succès, grouper autour de nos écoles nationales les diverses industries agricoles où les élèves apprendront réellement la pratique du métier au lieu de se confiner dans les questions théoriques; les cours ne seront alors que la pratique expliquée.

Cette organisation réalisera l'union intime de la théorie et de la pratique, s'expliquant et se complétant. Nos écoles deviendront des universités agricoles pourvues de tous les moyens d'enseignement qu'exige l'instruction professionnelle moderne.

Nous sommes persuadés que le nombre des élèves les fréquentant sera, en peu de temps, relativement très élevé : on y recevra, en effet, non seulement les élèves venus de l'Institut agronomique, mais aussi des élèves réguliers et des auditeurs libres arrivant directement du dehors, n'ayant besoin d'étudier qu'une spécialité.

La ferme modèle sera la ferme actuelle de Grignon où les élèves, autres que les futurs professeurs, viendront acquérir la pratique agricole que nécessite la conduite d'une exploitation rurale, apprendre comment on met en œuvre les données scientifiques pour l'alimentation du bétail, comment on contrôle et organise le travail, comment on manœuvre les machines agricoles.

L'école pratique d'agriculture modèle, qui complètera cet ensemble, servira à la formation pédagogique des futurs professeurs d'écoles pratiques et aussi des professeurs d'agriculture qui, en plus de leurs fonctions administratives, doivent professer à l'école normale, au collège, à l'école primaire supérieure, à l'école d'hiver, etc.

Cette école est demandée depuis bien des années.

En 1904, M. Mougeot en prévoyait l'existence, après avoir reconnu que cette création dominait toute la réforme de l'enseignement dans nos écoles pratiques d'agriculture. M. Fernand David, il y a deux ans, dans son rapport sur le budget de l'agriculture, en réclamait l'organisation urgente en faisant remarquer que la formation des professeurs est, sinon l'unique remède au malaise *dont souffrent nos écoles d'agriculture, du moins le premier et le plus efficace.* On ne peut que s'étonner de voir qu'il ait fallu si longtemps chez nous pour se pénétrer de cette vérité, qui paraît pourtant banale : qu'on peut être très instruit et ne pas savoir enseigner, que le métier de professeur, comme tous les autres métiers, doit s'apprendre.

La section normale supérieure que nous créerons à Grignon, et que nous avons prise comme exemple, existera également aux écoles nationales d'agriculture de *Montpellier* et de *Rennes :* à Montpellier, avec une orientation nettement viticole et œnologique, avec étude des cultures méridionales et, en plus, avec une école ou section coloniale ; à Rennes, avec une école de cidrerie, une école de laiterie, une école d'arboriculture fruitière, une école de drainage et d'irrigation, etc.

Les écoles nationales, loin de perdre à l'organisation prévue, y trouveront un bénéfice certain ; c'est une addition que nous proposons et non une substitution.

D'ailleurs, les *écoles nationales conserveront leur recrutement actuel;* elles continueront à recevoir les fils d'agriculteurs sortis du collège ou du lycée et qui ne veulent acquérir que les connaissances nécessaires à la direction de leurs propriétés; elles recevront encore, comme par le passé, les bons élèves d'écoles pratiques désireux d'être régisseurs de grandes propriétés. Elles accepteront les bacheliers, sans examen, ainsi que les étrangers jouissant d'un diplôme équivalent, dans la limite des places disponibles. L'ensemble de tous ces élèves formera la *section agricole* nettement séparée de la *section normale* supérieure, mais pouvant se servir pour son enseignement de chacun des organismes de cette dernière. La durée des études à la section agricole sera de deux ans au lieu de deux ans et demi.

Comme il est juste et démocratique de ne pas fermer l'accès de l'Institut agronomique aux meilleurs élèves d'écoles nationales, quelquefois anciens élèves d'écoles pratiques, nous avons cru devoir leur réserver 3o places au concours. Deux ans à la section agricole, deux ans à l'Institut agronomique et enfin un an à la section normale supérieure ne constitueront pas, pour cette catégorie d'élèves, une durée d'études trop longue, car l'âge moyen d'admission à l'école nationale est de 17 ans environ, tandis que l'âge moyen d'admission à l'Institut agronomique est ordinairement de 19 et même de 20 ans.

Remarquons, d'ailleurs, que les élèves de nos écoles nationales d'agriculture qui veulent arriver aux fonctions administratives, au professorat départemental, aux stations de recherches, sont conduits à poursuivre leurs études souvent dans des conditions fort pénibles pour eux et peu favorables à leur réussite. Nous éviterons à ces jeunes ingénieurs agricoles, bien doués, mais disposant de faibles ressources, les dures années de préparation et nous leur faciliterons l'accès de la carrière qu'ils convoitent. Ils trouveront à l'Institut agronomique d'abord, à la section normale des écoles nationales ensuite, tous les éléments d'une forte préparation. Mais si nous imposons à nos jeunes étudiants agricoles une durée accrue d'études, il est juste que les fonctions de l'État (professeurs d'écoles pratiques, professeurs d'agriculture, préparateurs, répétiteurs à l'Institut national agronomique et dans les écoles nationales) leur soient réservées. D'ailleurs, il n'est pas admissible que nos fonctionnaires n'offrent pas de garanties sérieuses au point de vue instruction (pour enseigner peu, il faut savoir beaucoup), et seuls rempliront ces conditions ceux qui auront fréquenté *la section normale supérieure*.

Comme on le voit, la solution proposée n'est pas celle qui consiste à obliger tous les élèves désireux d'aller à l'Institut agronomique à passer par les écoles nationales (elle ne cadrerait pas avec la préparation des forestiers et des ingénieurs des améliorations agricoles); elle n'est pas non plus celle qui considère les écoles nationales seulement comme les écoles d'application de l'Institut agronomique (ce serait détruire les écoles nationales). C'est une solution mixte que nous proposons, tenant compte des intérêts en jeu, lesquels doivent être sauvegardés tous à un égal degré. Le sacrifice de l'un quelconque de nos organismes actuels d'enseignement agricole, aux dépens duquel d'autres peuvent paraître grandir, ne serait en effet qu'une solution déplorable qui ne se traduirait pas par un réel *progrès*, mais au contraire par une diminution de nos moyens d'action en vue du développement de notre agriculture.

Avec la réforme que nous venons d'exposer, l'harmonie naîtra là où il y avait désunion, et le niveau de l'enseignement supérieur sera manifestement surélevé.

Certes, nous n'espérons pas que du jour au lendemain ce plan soit réalisé dans toute son ampleur, mais il peut être mis rapidement en pratique en utilisant les ressources de nos écoles nationales dont nous compléterons successivement les moyens d'action. Et nous avons l'intime conviction qu'une fois entré dans cette voie, on en ressentira si vite les heureuses conséquences, qu'on sera amené à doter nos établissements des organismes qui leur manquent, et à assurer ainsi leur complet épanouissement dans l'orientation que nous indiquons.

Qu'on veuille bien remarquer d'ailleurs que cette réforme de nos organismes d'enseignement supérieur, qui peut, *a priori*, effrayer par son importance, qui met en jeu bien des questions accessoires, domine toute la réforme de l'enseignement des écoles pratiques et toute l'organisation de l'enseignement départemental aussi bien que celle de l'enseignement postscolaire et ménager.

Ce n'est, en effet, que par la formation de maîtres préparés à leur tâche que nous assurerons la réussite des divers enseignements.

Les professeurs de nos écoles pratiques doivent avoir, indépendamment de leur instruction scientifique, une préparation spéciale sans laquelle ils sont inférieurs à leur tâche, comme nous le constatons malheureusement si souvent aujourd'hui; nos professeurs d'agriculture départementaux, qui enseignent à l'École normale, ont également besoin de cette formation particulière si nous voulons qu'ils puissent préparer les instituteurs à leur nouveau rôle.

L'Institut national agronomique, complété par nos écoles nationales, réalisera ce but et, comme nous le faisons observer ci-dessus, les élèves de ces écoles nationales bénéficieront de l'organisation réalisée, en même temps que le recrutement de nos grands établissements d'enseignement agricole s'en trouvera certainement accru et amélioré.

Il est donc indispensable, pour que le plein effet des mesures projetées soit obtenu, que nos écoles nationales soient choisies pour la préparation des maîtres. Toute autre disposition, qui laisserait ces écoles en dehors de la réorganisation générale, ne conduirait qu'à un résultat amoindri et incomplet.

L'antagonisme de l'Institut national agronomique et de nos écoles nationales se perpétuerait au plus grand préjudice de notre enseignement et du judicieux emploi de nos ressources budgétaires.

Enseignement moyen.

I. *Écoles pratiques d'agriculture.* — II. *Fermes-écoles.*

Pour les fils de petits propriétaires et de fermiers, nous avons les écoles pratiques que nous appellerons *Écoles professionnelles d'agriculture.* Ces écoles sont destinées à recevoir les jeunes gens qui, au sortir des écoles primaires, des écoles primaires supérieures ou des collèges, désirent acquérir l'instruction professionnelle agricole. Elles tiennent le milieu entre les fermes-écoles et les écoles nationales d'agriculture, et leur but est de former des agriculteurs éclairés. La durée des études est de deux à trois ans. Le temps pendant lequel les élèves sont occupés est partagé en deux parties : la moitié de la journée est consacrée aux travaux de la culture, aux soins à donner aux animaux, au maniement des machines, aux travaux du jardin, etc. L'autre moitié est réservée aux leçons, études, exercices de laboratoire. On évite ainsi à la fois le surmenage intellectuel et la lassitude corporelle.

Le type *école pratique d'agriculture,* lorsqu'il est bien compris, reste le type idéal d'école professionnelle pour ceux qui désirent recevoir un enseignement agricole moyen et peuvent rester deux ou trois ans dans un établissement d'instruction. Il a très bien réussi à l'étranger, et s'il n'a pas donné en France d'aussi bons résultats, c'est qu'il demande des réformes importantes dans son organisation et son programme d'enseignement. Du moment que quelques-unes de nos écoles pratiques d'agriculture actuelles sont très prospères, nous devons nécessairement, par de judicieuses transformations, obtenir, dans l'ensemble de nos écoles, des résultats satisfaisants.

La réforme de l'enseignement supérieur aura des conséquences heureuses pour notre enseignement agricole moyen puisqu'elle prévoit, comme nous l'avons dit plus haut, la formation pédagogique des professeurs d'écoles pratiques et des professeurs d'agriculture, ainsi qu'une instruction pratique de ces maîtres, assurée par les nombreuses applications qu'ils pourront faire à la *ferme modèle et aux écoles d'industries agricoles.*

Les postes de professeurs seront donnés au concours, et ce concours sera le même que celui imposé aux professeurs spéciaux d'agriculture, ce qui créera une même origine pour tout le personnel, et permettra *l'extériorisation* de nos écoles.

L'Allemagne, l'Autriche, l'Italie et la Hongrie ont développé leurs écoles pratiques d'agriculture. Tous ces pays, de même que l'Angleterre et l'Amérique, ont *extériorisé* leurs écoles; ces dernières ne servent pas seulement aux élèves, mais aussi aux agriculteurs de la région : ce sont des *centres agricoles*.

Nous étendrons le rôle si effacé jusqu'ici de nos écoles pratiques, isolées au milieu du grand public, avec lequel elles n'ont actuellement que des relations accidentelles : les professeurs, en dehors de leurs cours réguliers, feront des conférences aux agriculteurs de la région, sous la direction du professeur départemental, et après entente avec le directeur de l'établissement; un comité de consultations gratuites sera organisé pour le public dans chaque école. Nous annexerons à la plupart de nos écoles pratiques une école d'hiver, une école ménagère à courte durée ou une école de laiterie pour jeunes filles pendant un mois au moment des grandes vacances. Nous organiserons, dans chaque établissement, des cours réduits pour adultes (cours de taille des arbres fruitiers, cours de greffage, cours concernant la fabrication des conserves alimentaires, etc.)

Pour les enfants des familles d'ouvriers ruraux, nous avons les *fermes-écoles* organisées en vertu des lois des 3 octobre 1848 et 30 juillet 1875.

Les élèves y sont considérés comme des apprentis ouvriers; ils y exécutent tous les travaux et y reçoivent, en même temps qu'un enseignement agricole essentiellement pratique, une rémunération de leur travail par une prime de sortie établie d'après leur rang de classement, et qui en aucun cas ne peut excéder 300 francs.

En 1848, nous avions 70 fermes-écoles; leur nombre a diminué peu à peu; en 1870, il y en avait 52; en 1894, nous n'en avons plus que 16; et à l'heure actuelle, il n'en reste que 10.

La disparition de ces établissements est due principalement à l'enseignement trop réduit qu'on y a donné : les trois quarts du temps étaient consacrés aux travaux purement manuels de culture, l'enseignement était réduit à sa plus simple expression, et par cela même incomplet. Les agriculteurs n'ont plus voulu y envoyer leurs enfants.

Bien adaptée à l'origine aux besoins du pays, l'instruction qu'elles donnent est maintenant insuffisante.

L'agriculture est devenue plus raisonnée, plus scientifique; l'enseignement agricole a dû évoluer dans le même sens.

Les 10 fermes-écoles qui nous restent encore, et qui nous rendent de très bons services, n'ont survécu qu'en élevant le niveau de leur enseignement et qu'en se rapprochant du genre école pratique. Le même fait s'est produit dans tous les pays étrangers où il existait des fermes-écoles : toutes ont disparu ou se sont transformées en écoles pratiques.

Fermes-écoles et écoles pratiques d'agriculture réorganisées prendront le même nom d'*écoles professionnelles d'agriculture*.

III. *Écoles d'agriculture d'hiver.*

Pour les fils de petits cultivateurs qui ne peuvent aller passer deux ou trois ans dans une école professionnelle d'agriculture, parce que leurs parents ont besoin d'eux l'été, nous voulons multiplier les *écoles d'hiver*, si appréciées à l'étranger.

L'Allemagne possède 118 de ces écoles, l'Autriche (non compris la Hongrie) 57, la Suisse en a 9, la Hollande 10. Des essais ont été faits en France.

Nous possédons actuellement 9 écoles d'hiver : nous pouvons conclure de nos essais que ce genre d'établissement sera bien accueilli chez nous.

Il faut maintenant réglementer la création et l'organisation des nouvelles écoles.

La durée de l'enseignement a été fixée à deux hivers à raison de 3 à 4 mois par hiver, de novembre à mars.

Le personnel comprendra généralement : un professeur chargé de la direction de l'école et enseignant l'agriculture (y compris les notions sur les machines agricoles, les constructions rurales, l'économie et la législation rurales, les industries agricoles de la région telles que la laiterie, la vinification, la cidrerie, etc.); un professeur de sciences physiques, chimiques et naturelles appliquées à l'agriculture; un médecin-vétérinaire pour enseigner les soins à donner aux animaux de la ferme, l'hygiène, etc.; un maître jardinier, professeur d'arboriculture et de culture potagère; un instituteur chargé de l'enseignement de l'arpentage, du nivellement, de la comptabilité agricole et du français.

C'est à un professeur d'agriculture qu'il convient de confier, non seulement l'enseignement agricole à l'école d'hiver, mais encore la direction de l'ensemble; d'ailleurs ce professeur d'agriculture est tout indiqué pour assurer un bon recrutement dans une région dont il doit connaître mieux que personne les besoins et les aspirations.

Les écoles d'hiver ne peuvent être également organisées que par le Ministère de l'agriculture où l'on peut disposer dès maintenant d'un personnel technique suffisant; mais la collaboration du Ministère de l'instruction publique est indispensable. L'installation économique de l'école est facilement réalisée dans les locaux des écoles de l'instruction publique et grâce à certains de nos professeurs et instituteurs.

Cette collaboration des deux Ministères est faite.

Comme l'unique ambition de chacun d'eux est de servir la démocratie en instruisant nos populations rurales et, par conséquent, en contribuant à la prospérité économique du pays, il est certain qu'une entente parfaite existera toujours entre les deux Départements pour l'œuvre commune à réaliser.

D'ailleurs, d'après notre projet de loi, lorsque l'école d'agriculture d'hiver sera établie dans des locaux appartenant à des établissements dépendant du Ministère de l'instruction publique, le directeur nommé par le Ministre de l'agriculture sera seulement *directeur technique*, et ne s'occupera que de l'enseignement. Tout ce qui concerne la partie administrative (pensionnat, surveillance d'internat, etc.) restera placé sous la direction du chef de l'établissement universitaire et sous le contrôle du Ministère de l'instruction publique.

Nous n'admettrons dans les écoles d'hiver que les jeunes gens âgés d'au moins 15 ans 1/2 à 16 ans, et lorsqu'ils auront fait deux ou trois ans de pratique agricole, comme cela a lieu en Allemagne, en Autriche, en Hongrie, en Suisse, en Hollande, en Danemark. Dans les essais que nous avons faits, nous avons constaté que les jeunes gens sont d'autant plus aptes à s'assimiler l'enseignement de l'école d'hiver qu'ils ont davantage pris part, avant leur admission, aux divers travaux des champs. En Hollande, on a parfaitement constaté que l'enseignement agricole ne doit pas être donné à des élèves trop jeunes qui ne sont pas encore au courant de la pratique.

En procédant ainsi, nous ne faisons pas de nos écoles d'hiver des concurrentes des écoles pratiques; ces deux sortes d'établissements ne recevront pas la même clientèle.

En France, on croit trop généralement que les écoles d'hiver doivent remplacer les écoles pratiques; c'est une erreur que l'on ne commet pas à l'étranger, où écoles pratiques et écoles d'hiver vivent côte à côte, les unes et les autres très prospères.

ENSEIGNEMENT AUX JEUNES FILLES.

Enseignement ménager et agricole.

Nous croirions manquer à notre devoir si nous ne songions pas à l'instruction de la femme. Le rôle de la femme à la ferme est si important, son influence sur l'homme pour le retenir à la terre est si grande, qu'il est indispensable de créer un enseignement pour les jeunes filles, parallèle à celui qui existera pour les garçons. L'éducation professionnelle de la jeune fille apparaît comme socialement nécessaire dans l'intérêt supérieur de la collectivité.

Nous n'avons actuellement que trois écoles pratiques pour jeunes filles, et seulement quinze écoles ménagères ambulantes, alors qu'en Allemagne il existe 48 écoles ménagères. La Belgique possède une école supérieure et 20 écoles ménagères fixes ou ambulantes. Le Luxembourg, avec ses 245,000 habitants, compte 15 écoles ménagères.

Si la France, avec ses 37 millions d'habitants, possédait proportionnellement à sa population autant d'écoles ménagères que ce dernier pays, elle aurait 2,265 de ces établissements, et l'Allemagne, pour atteindre les mêmes proportions, devrait en avoir 3,000.

Avec les crédits votés par le Parlement, nous voulons créer :

1° *Des écoles ménagères et ambulantes* correspondant aux écoles d'hiver ambulantes de garçons ;

2° *Des écoles temporaires fixes* correspondant aux écoles d'hiver fixes de garçons;

3° *Des écoles professionnelles agricoles et ménagères* correspondant aux écoles pratiques d'agriculture de garçons.

Mais, pour toutes ces écoles nouvelles, il faut un personnel de choix qui ne peut être formé que dans une école supérieure spéciale. Afin d'éviter les dépenses élevées de création d'un semblable établissement, nous avons décidé d'utiliser l'École nationale d'agriculture de Grignon : les jeunes filles munies du brevet élémentaire seront admises, au concours, pour une période de trois mois (du 15 juillet au 15 octobre, lorsque les jeunes gens sont en vacances), puis feront un stage de neuf mois, comme élèves-maîtresses, dans les écoles ménagères déjà existantes, tout en suivant un programme d'études pratiques nettement déterminées, et enfin reviendront à Grignon pour une deuxième et dernière période de trois mois. La durée des études sera donc de un an et demi, suffisante puisque l'on n'aura pas à s'occuper de l'instruction générale des élèves-maîtresses.

A côté de ces élèves qui se destinent au professorat et qui formeront la *section normale supérieure*, nous recevrons, dans une *section dite d'enseignement supérieur*, les filles d'agriculteurs qui veulent devenir plus tard, pour nos exploitants de grands domaines, des compagnes dignes d'eux et capables de les seconder.

Nos écoles nationales d'agriculture de garçons (Grignon, Montpellier et Rennes) seront ainsi, pendant les vacances, les *écoles supérieures d'enseignement agricole et ménager* pour les jeunes filles, sans dépenses importantes de première installation; nous n'aurons à payer que le personnel. Les professeurs femmes utilisées dans ces écoles serviront d'inspectrices entre deux périodes scolaires de trois mois.

D'ailleurs, pour presque toutes nos écoles agricoles et ménagères, nous utiliserons le système des écoles à deux fins que l'on applique à l'étranger : partout où nous le pourrons, dans nos écoles pratiques de garçons, pendant les vacances, nous créerons un enseignement pour nos futures ménagères de la campagne. D'accord avec le Ministère de l'instruction publique, nous nous installerons dans les locaux de l'enseignement universitaire et primaire : là encore l'accord entre les deux ministères portera ses fruits.

Nous pensons qu'il n'est pas possible de résoudre plus économiquement le problème de l'enseignement agricole et ménager aux jeunes filles.

ENSEIGNEMENT AGRICOLE PRIMAIRE AUX JEUNES GENS
ET AUX JEUNES FILLES.

Enseignement agricole postscolaire.

Nous ne voulons pas oublier que les déshérités de la fortune ne peuvent s'instruire que si on leur apporte l'instruction, pour ainsi dire jusque chez eux, dans leur village, puisqu'ils n'ont pas les moyens de fréquenter ni les écoles d'agriculture d'hiver, ni les écoles professionnelles d'agriculture. Pour eux, qui représentent la grande masse de notre démocratie paysanne, si méritante, si admirable par son amour du travail, son attachement à la terre et son énergie, nous désirons créer, de concert avec le Ministère de l'instruction publique, *cet enseignement postscolaire agricole* dont la nécessité ne se discute plus.

L'expérience nous a démontré que l'enseignement agricole reçu par les enfants de 9 à 12 ans ne produisait pas de résultats aussi satisfaisants que ceux qu'on avait escomptés. C'est plutôt de 13 à 18 ans, pendant l'hiver, après la période scolaire primaire, qu'il faut songer à donner cet enseignement, c'est-à-dire au moment où le jeune homme, déjà aux prises avec les difficultés pratiques, est apte à le recevoir et à l'apprécier.

Pour porter l'instruction agricole d'une manière continue jusque dans le plus humble village, il ne pouvait être question de créer de nouveaux fonctionnaires : ils auraient été trop nombreux. Il fallait nécessairement faire appel à l'instituteur; la collaboration intime du Ministère de l'agriculture et du Ministère de l'instruction publique, dans l'intérêt de nos populations rurales, était encore ici absolument indispensable.

Ainsi que le fait remarquer M. Fernand David, qui s'est beaucoup occupé d'enseignement postscolaire, les instituteurs n'auront qu'à gagner à cette modification, à cette extension de leur rôle social. «Ils seront plus rompus aux nécessités locales avec lesquelles ils doivent être en contact journalier; ils comprendront mieux les besoins des paysans, ils vivront mieux de leur vie, ils se feront mieux à la mentalité générale du pays, et leur œuvre éducatrice s'en trouvera singulièrement fortifiée.»

L'enseignement agricole ne sera pas exclusivement professionnel. L'instituteur, en effet, ne peut avoir la prétention d'enseigner aux élèves la *pratique manuelle* des opérations culturales que les agriculteurs, pères de famille, peuvent enseigner eux-mêmes. Il leur donnera simplement des notions de sciences physiques et naturelles appliquées à l'agriculture sous forme de leçons de choses; il leur fera connaître les plantes et les insectes utiles ou nuisibles à l'agriculture; il leur expliquera le «pourquoi» et le «comment» de toutes les opérations agricoles; il leur dira ce que sont les engrais, comment on les achète, comment on s'en sert, comment on sélectionne les bonnes semences, comment on doit nourrir le bétail et l'améliorer; «il leur montrera les bienfaits de l'application des idées de coopération, de mutualité et de prévoyance. Quant à la partie vraiment pratique de l'éducation des jeunes ruraux, ils la trouveront sur le bien paternel, aux côtés du père de famille, dans le labeur de chaque jour. C'est là qu'ils pourront vérifier, utiliser les connaissances acquises dans l'enseignement théorique du maître et c'est à ce contact qu'ils achèveront la formation de leur esprit.»

Les instituteurs ne seront pas, comme on l'a cru parfois, des professeurs d'agriculture; leur instruction professionnelle agricole serait insuffisante pour leur permettre de jouer ce rôle. Mais il est incontestable que, bien préparés, comme nous l'indiquerons plus loin, et guidés par nos professeurs d'agriculture, ils rendront au point de vue agricole d'immenses services au pays; ils diffuseront sur tous les points de notre territoire les premières notions d'agriculture; ils pourront être, dans certains cas, les porte-paroles de nos professeurs dont ils centupleront l'action. Ils orienteront surtout les enfants vers l'agriculture.

L'instruction agricole que nous voulons faire acquérir aux jeunes gens sera également offerte aux jeunes filles, modifiée cependant de façon à former de bonnes fermières et de bonnes ménagères.

Cet enseignement postscolaire que nous allons créer existe depuis douze ans en Hongrie, où il a rendu de très grands services; des cours de perfectionnement fonctionnent en Allemagne avec d'excellents résultats. En Hollande, depuis treize ans, on se sert des instituteurs pour donner un enseignement aux adolescents, et on compte actuellement 440 instituteurs pourvus du brevet agricole.

Ce sont les agronomes français qui ont été les premiers à réclamer l'instruction ménagère.

Notre éminent collègue, M. Fernand David, a déposé, le 5 décembre 1910, un projet de loi sur *l'enseignement agricole professionnel populaire* qui trace bien, dans ses grandes lignes, l'enseignement de l'avenir et dont notre projet prépare pour plus tard l'application.

Le projet de M. Fernand David prévoit, comme le nôtre, l'enseignement agricole pour jeunes gens et jeunes filles, de 13 à 18 ans, à la sortie de l'école primaire, mais il nécessite la réforme complète de l'enseignement primaire; il pose en principe que l'enseignement actuel est trop touffu, trop encyclopédique, et qu'il est nécessaire d'en élaguer certaines matières pour les reporter dans l'enseignement postscolaire, à un âge où l'intelligence de l'adolescent est devenue plus large que ne l'était l'intelligence de l'enfant. Il retranche ainsi dix heures à l'enseignement (ce qui réduit le temps consacré aux enfants de 9 à 13 ans, à 20 heures au lieu de 30) et utilise ces dix heures à l'enseignement postscolaire.

Cette mesure implique évidemment l'*obligation* postscolaire, car on ne peut admettre, sous peine de revenir en arrière, que le programme total des études primaires soit écourté. De plus, le projet n'est applicable qu'à la condition qu'un projet parallèle soit admis pour l'enseignement postscolaire industriel et commercial.

Cette grande et belle réforme, qui appelle une retouche de l'œuvre de Jules Ferry pour s'adapter aux conditions nouvelles de notre vie sociale, demande comme préliminaire un essai prudent, une préparation spéciale indispensable que permet le projet de loi que nous vous soumettons.

Nous ne touchons pas à l'enseignement primaire, nous juxtaposons simplement l'enseignement postscolaire à ce dernier. Nous évitons ainsi, l'*obligation*, légère, il est vrai, puisqu'on la limite aux mois d'hiver, mais à laquelle nos agriculteurs ne sont pas habitués. Plus tard, quand nos populations rurales auront reconnu les bienfaits de l'enseignement agricole postscolaire, l'obligation sera parfaitement acceptée. Lorsque les nouveaux instituteurs, mieux préparés à l'école normale, seront en grand nombre, une autre loi, celle de notre honorable collègue par exemple, pourra synthétiser tous les efforts et être appliquée facilement sans crainte de rester lettre morte.

Une difficulté sérieuse apparaît quand il s'agit d'organiser l'enseignement postscolaire, c'est la formation des maîtres.

Cette difficulté a été étudiée, et des mesures ont été prises pour la résoudre, nous l'espérons, avec succès. Une commission interministérielle (Agriculture et Instruction publique) a examiné la question de la préparation agricole des élèves-maîtres à l'École normale : ces élèves, au lieu de recevoir 40 leçons d'agriculture en troisième année seulement, recevront dorénavant, du professeur départemental aidé d'un professeur adjoint, 15 leçons en première année, 15 leçons en deuxième année et 30 leçons en troisième année, soit 60 leçons en tout.

L'enseignement des sciences physiques et naturelles sera franchement orienté vers l'agriculture, et le professeur départemental posera des questions au brevet supérieur sur les applications agricoles. Enfin, la note obtenue en troisième année au certificat de fin d'études normales pour l'étude de l'agriculture, comptera dans une forte proportion pour l'obtention d'un *brevet agricole* délivré par le Ministre de l'agriculture aux instituteurs ayant au moins trois ans de service dans l'enseignement et ayant subi avec succès des examens spéciaux. Des conférences, des leçons pratiques dans les écoles d'hiver, dans les écoles professionnelles d'agriculture seront faites par nos professeurs d'agriculture aux instituteurs vivant dans les milieux ruraux et préparant ce brevet agricole.

D'après l'enquête que nous avons faite, on compte, en moyenne, une trentaine d'instituteurs par département qui, par goût personnel, s'adonnent déjà à l'enseignement agricole, et qui pourront constituer le premier élément du corps enseignant nouveau.

La collaboration des deux Ministères de l'agriculture et de l'instruction publique que demandait M. Fernand David pour la rédaction des nouveaux programmes, pour l'inspection de l'enseignement et pour la formation des maîtres, s'est produite dans des conditions du bonne harmonie parfaite parce que les prérogatives qui appartiennent à chacun ont été entièrement respectées.

Tel est, dans son ensemble, le plan que nous désirons suivre sans délai pour la réorganisation et le développement agricoles. Il est facile de se rendre compte *qu'il forme un ensemble complet dont toutes les parties sont solidaires les unes des autres.*

Il se rattache à la réforme du professorat départemental, objet de la proposition de loi de M. Viger, et s'adresse à toutes les classes de nos populations agricoles sans aucune exception. S'il entoure l'accès à l'enseignement supérieur, qui prépare nos professeurs, des garanties indispensables à la valeur de nos maîtres, il permet l'ascension des individualités les mieux douées du premier échelon au dernier, sans que puissent être étouffées, par des restrictions abusives, par des privilèges excessifs, les intelligences qui se révèlent successivement.

Aussi, s'il ne nous est pas possible d'espérer que ce plan soit réalisé immédiatement dans toute son ampleur, nous ne doutons pas un instant que le bon vouloir de tous, que les encouragements du Parlement assureront, à bref délai, l'entier épanouissement de cette réforme qui complète et synthétise tous les efforts faits par nos prédécesseurs.

PROJET DE LOI.

Le Président de la République française

Décrète :

Le projet de loi dont la teneur suit sera présenté à la Chambre des députés par le Ministre de l'agriculture, par le Ministre de l'instruction publique et des beaux-arts et par le Ministre des finances, qui sont chargés d'en exposer les motifs et d'en soutenir la discussion :

I. Enseignement aux jeunes gens.

Art. 1ᵉʳ. L'enseignement professionnel de l'agriculture pour les jeunes gens est donné :

1° A l'*Institut national agronomique*, créé en vertu de la loi du 9 août 1876, avec les modifications apportées par la présente loi;

2° *Dans les écoles nationales d'agriculture* (Grignon, Montpellier, Rennes), créées en vertu de la loi du 3 octobre 1848, avec les modifications apportées par la présente loi;

3° *Dans les écoles professionnelles d'agriculture* comprenant :

a. Les écoles pratiques d'agriculture instituées par la loi du 30 juillet 1875;

b. Les fermes-écoles créées en vertu du décret-loi du 3 octobre 1848;

c. Les écoles techniques dont l'enseignement a pour objet une spécialité agricole (industrie laitière, horticulture, viticulture, drainage, irrigation, etc...), avec les modifications apportées par la présente loi;

4° *Dans les écoles d'agriculture d'hiver;*

5° *Dans les cours d'enseignement agricole postscolaires.*

I. *Institut national agronomique.* — II. *Écoles nationales d'agriculture.*

Art. 2. L'Institut national agronomique reçoit des élèves réguliers et des auditeurs libres.

Les élèves réguliers sont admis au concours.

Un certain nombre de places, déterminé par décret, sont réservées de droit aux élèves diplômés des Écoles nationales d'agriculture; elles sont attribuées après un concours entre les élèves de toutes les écoles nationales d'agriculture (Grignon, Rennes et Montpellier).

Art. 3. A la sortie de l'Institut national agronomique, les élèves diplômés pourront compléter leur instruction professionnelle et se spécialiser dans l'une des écoles d'application suivantes, conformément aux décrets et arrêtés réglant l'admission des élèves dans ces établissements :

1° École des eaux et forêts;

2° École des haras;

3° Écoles nationales d'agriculture (*section normale supérieure* dont l'organisation sera réglée par décret).

Art. 4. Les candidats aux fonctions de professeur spécial d'agriculture, de professeurs d'école professionnelle d'agriculture, de préparateurs, de répétiteurs, chefs de travaux à l'Institut national agronomique et dans les écoles nationales d'agriculture, sont choisis exclusivement parmi les anciens élèves diplômés de l'Institut national agronomique ayant fait leur spécialisation dans la *section normale supérieure* des écoles nationales d'agriculture.

Toutefois cette disposition n'est pas applicable aux candidats aux fonctions indiquées et munis du diplôme d'ingénieur agronome ou du diplôme d'ingénieur agricole, obtenus antérieurement à ladite loi et pendant trois ans postérieurement à la même loi.

Art. 5. L'enseignement donné dans les écoles nationales d'agriculture comprend deux parties :

1° L'enseignement d'application donné aux élèves diplômés sortant de l'Institut national agronomique dans les conditions indiquées par l'article 3 (*Section normale supérieure*);

2° L'enseignement donné aux jeunes gens qui se destinent à la gestion des domaines ruraux ou qui aspirent à entrer à l'Institut national agronomique (*Section agricole dont l'organisation sera réglée par décret*).

III. *Écoles professionnelles d'agriculture.*

Art. 6. Les fermes-écoles, les écoles pratiques, les écoles techniques prennent le nom générique *« Écoles professionnelles d'agriculture »*. Les écoles professionnelles spéciales sont dénommées d'après la nature de leur spécialité.

Art. 7. Les écoles professionnelles d'agriculture ne peuvent être établies que sur des domaines mis à la disposition de l'État pour une période de dix-huit ans au moins, en vertu d'un engagement pris par les ayants droit, vis-à-vis du Ministre de l'agriculture.

Ces domaines devront comprendre des bâtiments scolaires et d'exploitation en parfait état et réunissant les conditions reconnues nécessaires par le Ministre de l'agriculture.

L'État n'intervient pas dans les dépenses d'entretien du mobilier et des bâtiments scolaires, non plus que dans celles des bâtiments d'exploitation et du cheptel vif et mort, sauf cas exceptionnels.

Sont exceptées de ces dispositions, malgré leur titre d'écoles professionnelles, les fermes-écoles et les écoles pratiques actuellement existantes appartenant à des particuliers, ainsi que les écoles spéciales auxquelles la nature même de leur spécialité ne permet pas de satisfaire aux exigences des paragraphes 1 et 2.

Art. 8. La rétribution de tout le personnel dirigeant et enseignant des écoles professionnelles d'agriculture et les frais accessoires de l'enseignement sont à la charge de l'État.

Art. 9. Le prix de la pension affectée aux frais de nourriture et d'entretien des élèves est fixé, pour chaque école, par le Ministre de l'agriculture.

L'État, les départements et les communes peuvent attribuer aux élèves des écoles professionnelles d'agriculture des bourses entières ou partielles, et délivrer aux élèves diplômés des pécules ou primes de sortie.

Art. 10. Le programme des études est réglé par le Ministre de l'agriculture pour chaque école, suivant la spécialité culturale de la contrée et après avis d'un comité de surveillance et de perfectionnement dont la composition, ainsi que les attributions, sont déterminées par arrêté ministériel.

A chaque école professionnelle d'agriculture pourront être annexées :

1° Une école d'agriculture d'hiver;

2° Une école ménagère agricole, ou une école de laiterie pour jeunes filles pendant la période des grandes vacances au moment où les jeunes gens sont renvoyés dans leurs familles.

Dans chaque école professionnelle d'agriculture pourront être organisés, pour les adultes, des cours temporaires.

Un comité de consultations, comprenant tout le personnel enseignant, est établi dans chaque école pour donner gratuitement des renseignements.

IV. *Écoles d'agriculture d'hiver.*

ART. 11. Les écoles d'agriculture d'hiver sont *fixes* ou *ambulantes*. Elles ont pour but de donner, pendant la mauvaise saison, une instruction professionnelle agricole aux fils d'agriculteurs qui ne peuvent passer deux ou trois ans dans une école professionnelle d'agriculture.

Elles sont placées sous l'autorité du Ministre de l'agriculture.

ART. 12. Les écoles d'agriculture d'hiver ne peuvent être établies que dans les locaux mis à la disposition de l'État et contenant le matériel scolaire reconnu nécessaire par le Ministre de l'agriculture.

1° Elles peuvent être annexées à d'autres établissements d'enseignement agricole dépendant du Ministère de l'agriculture (écoles professionnelles d'agriculture, etc.);

2° Elles peuvent également être établies dans des locaux dépendant des lycées, collèges, écoles primaires supérieures ou de tout autre établissement d'instruction et mis, ainsi que le matériel scolaire, à la disposition du Ministre de l'agriculture, après entente avec le Ministre de l'instruction publique ou le Ministre sous l'autorité duquel est placé l'établissement d'instruction utilisé.

ART. 13. Les dépenses d'entretien des locaux et du matériel scolaires des écoles d'agriculture d'hiver mis à la disposition de l'État par les départements, communes, sociétés ou syndicats, sont à la charge desdits départements, communes, sociétés ou syndicats.

ART. 14. Le personnel dirigeant et enseignant est nommé par le Ministre de l'agriculture.

Dans le cas où l'école d'agriculture d'hiver est établie dans des locaux appartenant à des établissements dépendant du Ministère de l'instruction publique ou de tout autre ministère, le directeur nommé par le Ministre de l'agriculture est seulement *directeur technique* et ne s'occupe que de l'enseignement donné à l'école d'agriculture d'hiver.

Tout ce qui concerne la partie administrative (pensionnat, surveillance d'internat, etc.) est placé :

1° Sous la direction du proviseur, du principal du collège, du directeur d'école primaire supérieure et en général du chef de l'établissement ayant fourni les locaux;

2° Sous le contrôle du Ministère dont dépend l'établissement dans lequel est installée l'école d'agriculture d'hiver.

ART. 15. Le programme des études est réglé par le Ministre de l'agriculture pour chaque école, suivant la spécialité culturale de la contrée et après avis d'un comité de surveillance et de perfectionnement dont la composition, ainsi que les attributions, sont déterminées par arrêté ministériel.

ART. 16. La moitié des sommes nécessaires pour le fonctionnement de l'école (traitement du personnel, frais matériels d'enseignement, indemnités, etc.) et pour le payement des bourses aux élèves est payé par l'État (Ministère de l'agriculture) jusqu'à concurrence cependant d'une somme déterminée par décret, le reste étant à la charge du département ou de la commune ayant demandé la création de l'école d'agriculture d'hiver, sauf cas exceptionnels.

V. *Enseignement postscolaire agricole.*

Art. 17. L'enseignement postscolaire agricole peut être donné dans les écoles publiques rurales, aux jeunes gens qui ne peuvent fréquenter les Écoles d'agriculture.

La création de cet enseignement est demandée, soit par le Conseil municipal délibérant à cet effet, soit par la Commission départementale prévue à l'article 20.

Le Conseil général est appelé à émettre un avis dans la plus prochaine session : il prend en même temps l'engagement d'inscrire, au budget départemental, une subvention qui ne peut en aucun cas être inférieure au quart de l'indemnité prévue par l'article 19, ci-après.

Le Ministre de l'agriculture statue.

Art. 18. Cet enseignement est donné par les instituteurs aux jeunes gens à partir de l'âge de treize ans, pendant quatre ans au moins, à raison de trois mois au minimum *pendant l'hiver* et de 6 heures au moins par semaine.

Art. 19. Nul ne peut donner l'enseignement postscolaire agricole, s'il n'est pourvu du *brevet agricole* délivré par le Ministre de l'agriculture dans les conditions prescrites par arrêté ministériel après avis de la Commission interministérielle visée à l'article 21.

Ne peuvent se présenter à l'examen du brevet agricole que les maîtres pourvus du brevet élémentaire et du certificat d'aptitude pédagogique ayant au moins trois ans d'exercice dans l'enseignement.

Tous les instituteurs pourvus du brevet agricole, et qui donnent l'enseignement postscolaire agricole prévu par la présente loi, reçoivent une indemnité spéciale non soumise à retenue et bénéficient d'un congé fixé par décret.

Art. 20. Il est institué dans chaque département une *Commission départementale* chargée :

1° De dresser la liste des cours d'enseignement postscolaire agricole dont la création lui paraît nécessaire;

2° D'arrêter le programme des cours appropriés à la région après approbation des Ministres de l'agriculture et de l'instruction publique.

Cette Commission départementale comprend, sous la présidence du préfet, un représentant du Ministère de l'agriculture, un représentant du Ministère de l'instruction publique et des notabilités agricoles désignées par arrêté ministériel.

Art. 21. Il est institué une *Commission interministérielle* permanente siégeant au Ministère de l'agriculture, composée par moitié de représentants du Ministère de l'agriculture et du Ministère de l'instruction publique.

Cette Commission est consultée sur les règlements relatifs à l'enseignement postscolaire agricole, sur l'organisation générale et les programmes de cet enseignement adaptés au besoin de chaque région, sur l'enseignement agricole donné à l'École normale primaire.

Elle donne également son avis sur toutes les questions d'enseignement postscolaire agricole qui lui sont soumises par les deux Ministères intéressés, soit directement, soit sur la demande des Commissions départementales.

Art. 22. L'enseignement postscolaire agricole est soumis à l'inspection faite par les représentants du Ministère de l'agriculture et à l'inspection du Ministère de l'instruction publique. La note qui servira de base à l'indemnité spéciale prévue par l'article 19 est arrêtée de concert par les fonctionnaires des deux Ministères chargés de l'inspection.

II. Enseignement aux jeunes filles.

Art. 23. L'enseignement agricole et ménager pour les jeunes filles est donné :

1° Dans les écoles supérieures portant le nom d'*Écoles supérieures d'enseignement agricole et ménager*. L'une de ces écoles comprend une *section normale supérieure* pour la préparation des professeurs et directrices de toutes les écoles d'enseignement agricole et ménager et prend le nom d'*École normale supérieure d'enseignement agricole et ménager ;*

2° *Dans les écoles agricoles et ménagères fixes ;* elles portent le nom d'*Écoles professionnelles agricoles et ménagères ;*

3° Dans les écoles agricoles et ménagères *temporaires ;* elles comprennent :

a) *Des écoles temporaires fixes* (elles portent le nom d'écoles agricoles et ménagères temporaires).

b) *Des écoles temporaires ambulantes* (elles portent le nom d'écoles agricoles et ménagères ambulantes) ;

4° *Dans les cours d'enseignement agricole et ménager postscolaires.*

Toutes les écoles d'enseignement agricole et ménager sont placées sous l'autorité du Ministre de l'agriculture.

Le personnel enseignant et dirigeant de ces écoles est nommé par le Ministre de l'agriculture.

VI. *Écoles supérieures d'enseignement agricole et ménager.*

Art. 24. Les écoles supérieures ont pour but de donner aux filles de propriétaires, de fermiers une saine éducation en rapport avec la profession agricole ainsi qu'une instruction agricole supérieure et ménagère.

Elles ne peuvent être établies que sur des domaines appartenant à l'État ou mis à la disposition de l'État.

Art. 25. La rétribution de tout le personnel dirigeant et enseignant des écoles supérieures et les frais accessoires de l'enseignement sont à la charge de l'État.

Art. 26. Le prix de la pension affecté aux frais de nourriture et d'entretien des élèves est fixé pour chaque école par le Ministre de l'agriculture.

L'État, les départements et les communes peuvent entretenir des élèves dans les écoles supérieures avec des bourses entières ou partielles.

Art. 27. Le programme des études est réglé par le Ministre pour chaque école supérieure.

Art. 28. Un Conseil de perfectionnement est institué près de chaque école supérieure. Sa composition et ses attributions sont réglées par arrêté ministériel.

Art. 29. La directrice et les professeurs de l'École normale supérieure d'enseignement agricole et ménager seront chargés de l'inspection de toutes les écoles d'enseignement agricole et ménager.

VII. *Écoles professionnelles agricoles et ménagères.*

Art. 30. Les écoles professionnelles agricoles et ménagères ont pour but de donner aux filles d'agriculteurs une instruction agricole et ménagère qui leur permette de collaborer intelligemment à la bonne conduite d'une exploitation rurale. Elles correspondent aux écoles professionnelles d'agriculture de garçons.

L'article 7 (§ 1er, 2 et 3), l'article 8, l'article 9 et l'article 10 (§ 1er) sont applicables aux écoles professionnelles agricoles et ménagères.

Sont exceptées des dispositions indiquées dans l'article 7 les trois écoles existantes de Coëtlogon, de Kerliver et de Le Monastier.

A chaque école professionnelle agricole et ménagère peut être annexée une école agricole et ménagère temporaire.

Un comité de consultations, comprenant le personnel enseignant, est organisé dans chaque école pour donner gratuitement des renseignements aux fermières de la région.

VIII. *Écoles agricoles et ménagères temporaires.*

Art. 31. Les écoles agricoles et ménagères temporaires ont pour but de donner une instruction agricole et ménagère aux filles d'agriculteurs qui ne peuvent passer une ou plusieurs années dans l'une des écoles professionnelles indiquées dans l'article 23 de la présente loi. Elles correspondent aux écoles d'agriculture d'hiver destinées aux garçons.

Les articles 12, 13, 14, 15 et 16, concernant les écoles d'agriculture d'hiver, sont applicables aux écoles agricoles et ménagères temporaires.

IX. *Écoles agricoles et ménagères ambulantes.*

Art. 32. Les écoles agricoles et ménagères ambulantes se déplacent dans un département ou dans une région pour donner aux filles d'agriculteurs une instruction agricole et ménagère.

Chaque école se fixe, sur l'ordre du préfet, pour un temps déterminé dans une commune rurale où elle a été appelée par la municipalité ou une association agricole, avec la garantie qu'elle trouvera un nombre minimum d'élèves déterminé par arrêté ministériel, âgées au moins de 15 ans.

Art. 33. La commune ou l'association agricole qui a appelé l'école ambulante doit fournir le local, le mobilier scolaire et payer les dépenses de chauffage et d'éclairage.

Art. 34. Le programme des études est réglé par le Ministre de l'agriculture pour chaque session, après avis d'un Comité de surveillance et de perfectionnement dont la composition et les attributions seront réglées par arrêté ministériel.

Art. 35. La moitié des sommes nécessaires pour le fonctionnement de l'école (traitement du personnel, frais matériels d'enseignement, indemnités, etc.) est payée par l'État jusqu'à concurrence d'une somme déterminée par décret, le reste étant à la charge du département, sauf cas exceptionnels.

X. *L'enseignement agricole et ménager postscolaire.*

ART. 36. Un enseignement agricole et ménager postscolaire est donné par les institutrices aux jeunes filles dans les écoles publiques rurales.

Les articles 17 (§ 2), 18, 19, 20, 21, 22 sont applicables à l'enseignement agricole et ménager postscolaire.

Dispositions communes.

ART. 37. L'engagement de se vouer pendant dix ans à l'enseignement public contracté par les élèves-maîtres et les élèves-maîtresses des écoles normales primaires, des écoles normales supérieures peut être réalisé dans les écoles désignées par la présente loi.

ART. 38. Des règlements d'administration publique détermineront les conditions d'application de la présente loi, dont les dispositions seront successivement appliquées dans la limite des crédits ouverts au budget de chaque exercice.

Sont et demeurent abrogées toutes les dispositions antérieures contraires à la présente loi.

Fait à Paris, le 30 mars 1912.

Signé : A. FALLIÈRES.

Par le Président de la République :

Le Ministre de l'Agriculture,

Signé : PAMS.

Le Ministre de l'Instruction publique et des Beaux-Arts,

Signé : GUIST'HAU.

Le Ministre des Finances,

Signé : L.-L. KLOTZ.

www.ingramcontent.com/pod-product-compliance
Lightning Source LLC
Chambersburg PA
CBHW050437210326
41520CB00019B/5964